Religion – Sekundarstufe I

Wege des Glaubens
Arbeitsheft 8

von Christoph Menn-Hilger

Vorname und Nachname:

Klasse:

Schule:

Patmos

Inhalt

Hallo, liebe Schülerinnen und Schüler,

euer Arbeitsheft verfügt auch über eine **Lösungsseite.** Hier könnt ihr die richtigen Ergebnisse einiger Aufgaben nachschlagen. Damit die Bearbeitung des Heftes euch aber bis zum Ende viel Spaß bereitet, bitte immer **erst die Aufgaben lösen und dann kontrollieren.** Danke!

Ich wünsche euch viel Freude mit diesem Arbeitsheft.

Euer

2. Verantwortung – was ist das? (I)

„Hat unser Leben ein Ziel?“

„Was sollen wir tun?“

„Warum leben wir?“

Fragen wie diese haben es in sich. Es gibt Menschen, die leben so „drauf los“. Sie setzen sich mit diesen Fragen nicht auseinander. Andere stellen sich solche Grundfragen. Sie suchen nach Antworten für ihre Leben, weil sie merken, dass sich diese Fragen nicht von selbst beantworten.

Was sollen wir tun?

A) „Das, was mir nützt!“

B) „Das, was anderen nützt!“

C) „Das, was die Welt und das Leben in Ordnung hält!“

Fallbeispiel „Dürrekatastrophen“	**Fallbeispiel**	**Fallbeispiel**
In vielen Ländern der Erde kommt es auch als Folge des hohen Energieverbrauchs der Industrieländer immer häufiger zu verheerenden Dürrekatastrophen. Besonders stark betroffen sind Äthiopien, der Sudan, Somalia und der Tschad.		

1 Bei dem vorgegebenen **Fallbeispiel zum Thema „Dürrekatastrophen“** stellt sich auch die Frage **„Was sollen wir tun?“** Nimm Stellung zu dem Fallbeispiel, indem du versuchst, einmal im Sinne von Antwort **A),** einmal im Sinne von Antwort **B)** und einmal im Sinne von Antwort **C)** zu argumentieren. Vergleiche zum Schluss deine Ausführungen mit den Anregungen auf der Lösungsseite.

Fallbeispiel „Dürrekatastrophen“

zu A): ______________________

____

zu B): ______________________

____

zu C): ______________________

____

2 Überlege dir **zwei weitere Fallbeispiele** deiner Wahl zu der Frage „Was sollen wir tun?“ und trage sie in die Tabelle ein. Zur Anregung findest du hier **mögliche Themen**.

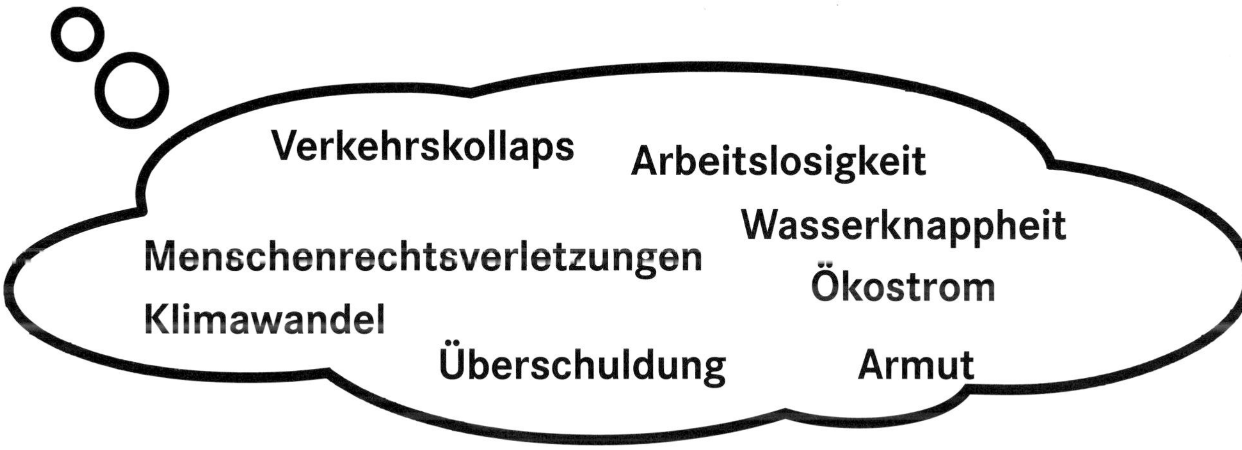

3 Tausche mit deiner Nachbarin/deinem Nachbarn dein Arbeitsheft und nimm jeweils wie in Aufgabe **1** im Sinne von Antwort **A)**, **B)** und **C)** Stellung zu den Fallbeispielen. Schreibe dazu in das Arbeitsheft deiner Nachbarin/deines Nachbarn.

Fallbeispiel ______________________________

zu A): ______________________________

____

zu B): ______________________________

____

zu C): ______________________________

____

Fallbeispiel ______________________________

zu A): ______________________________

____

zu B): ______________________________

____

zu C): ______________________________

____

2. Verantwortung – was ist das? (II)

Wer tötete Davey Moore? Wie kam er zu Tode und wer ist schuld daran?

Bob Dylan

Der US-amerikanische Musiker und Dichter **Bob Dylan** (geb. 24.5.1941) gilt als lebende Legende der Folk- und Rock-Szene. Neben den „Beatles" und den „Rolling Stones" zählt Bob Dylan zu den bedeutendsten Figuren der Musikgeschichte der zweiten Hälfte des 20. Jahrhunderts. Als Vertreter der Hippie- und Protestkultur der 60er-Jahre machte sich Dylan auch durch sein humanitäres Engagement gegen Krieg und Menschenrechtsverletzungen einen Namen. In seinem Song **„Who killed Davey Moore?"** kritisiert Dylan die Auswüchse des Boxsports. Am 21. März 1963 schlug der kubanische Boxer **Sugar Ramos** (geb. 1941) in der 10. Runde den amerikanischen Boxer **Davey Moore** (1933–1963) zu Boden. Moore fiel in ein Koma und starb zwei Tage später an den Folgen des Kampfes. Der Vorfall löste eine große öffentliche Debatte über den Boxsport aus – den Boxfan Bob Dylan inspirierte der Todesfall zu einem Song über Doppelmoral und Korruption. Der Schiedsrichter, die aufgebrachte Menge, sein Manager, der Wetter, der Sportreporter und schließlich der Boxer, der Moore niederstreckte, kommen zu Wort und erzählen das Geschehen aus ihrem Blickwinkel – nicht ohne darauf zu verweisen, dass sie keine Schuld an dem Tod des Boxers trifft. Bei dem Debüt des Songs im Jahr 1964 spendeten die Fans von Bob Dylan euphorischen Beifall.

Sugar Ramos

Davey Moore

1 Lies den Songtext (siehe Kasten).
Prüfe die Argumentationen der einzelnen Personen(gruppen) und nimm Stellung zu ihren Aussagen. Ist die Person bzw. Gruppe Schuld / Unschuld am Tod von Davey Moore oder trifft sie eine Mitschuld? Begründe deine Entscheidung.

Who killed Davey Moore
Why an' what's the reason for? *(= Refrain)*

(1)
„Not I," says the referee
„Don't point your finger at me
I could've stopped it in the eighth
An' maybe kept him from his fate
But the crowd would've booed, I'm sure
At not gettin' their money's worth
It's too bad he had to go
But there was a pressure on me too, you know
It wasn't me that made him fall
No, you can't blame me at all" *Refrain*

(2)
„Not us," says the angry crowd
Whose screams filled the arena loud
„It's too bad he died that night
But we just like to see a fight
We didn't mean for him t' meet his death
We just meant to see some sweat
There ain't nothing wrong in that
It wasn't us that made him fall
No, you can't blame us at all" *Refrain*

(3)
„Not me," says his manager
Puffing on a big cigar
„It's hard to say, it's hard to tell
I always thought that he was well
It's too bad for his wife an' kids he's dead
But if he was sick, he should've said
It wasn't me that made him fall
No, you can't blame me at all" *Refrain*

(4)
„Not me," says the gambling man
With his ticket stub still in his hand
„It wasn't me that knocked him down
My hands never touched him none
I didn't commit no ugly sin
Anyway, I put money on him to win
It wasn't me that made him fall
No, you can't blame me at all" *Refrain*

(5)
„Not me," says the boxing writer
Pounding print on his old typewriter
Sayin', „Boxing ain't to blame
There's just as much danger in a football game"
Sayin', „Fistfighting is here to stay
It's just the old American way
It wasn't me that made him fall
No, you can't blame me at all" *Refrain*

(6)
„Not me," says the man whose fists
Laid him low in a cloud of mist
Who came here from Cuba's door
Where boxing ain't allowed no more
„I hit him, yes, it's true
But that's what I am paid to do
Don't say 'murder,' don't say 'kill'
It was destiny, it was God's will" *Refrain*

Wer ist schuld am Tod von Davey Moore? Der Schiedsrichter? ①

Wer ist schuld am Tod von Davey Moore? Die aufgebrachte Menge? ②

Wer ist schuld am Tod von Davey Moore? Der Manager? ③

Wer ist schuld am Tod von Davey Moore? Der Wetter? ④

Wer ist schuld am Tod von Davey Moore? Der Sportreporter? ⑤

Wer ist schuld am Tod von Davey Moore? Der Boxer? ⑥

____

____

____

____

2 Die Hauptperson kommt in Bob Dylans Song nicht zu Wort. Davey Moore ist tot.
Auch wenn es vielleicht zunächst abwegig erscheint – aber wie steht es um seine Schuld? Fülle auch den entsprechenden Kasten aus.

Wer ist schuld am Tod von Davey Moore? Davey Moore?

____

____

____

____

3 „Wer tötete Davey Moore? Wie kam er zu Tode und wer ist schuld daran?"
Ziehe ein **Fazit**, indem du ein eigenes Statement verfasst.

____

____

____

____

____

____

____

____

____

____

____

4 Kennst du eine Geschichte, in der die Sätze „Nein, ich kann nichts dafür, dass ..." und „Mich kann man nicht dafür verantwortlich machen" fallen (könnten).
(a) Schreibe eine entsprechende wahre Begebenheit oder erfundene Erzählung in dein Heft.
(b) Denke dir auch drei Fragen zu deiner Geschichte aus.

3. Verantwortung für das eigene Leben (Das trügerische Glück/Der blaue Dunst)

Immer weniger Jugendliche rauchen

Der Anteil jugendlicher Raucher hat sich in zehn Jahren mehr als halbiert. Das berichtet die „Neue Osnabrücker Zeitung" unter Berufung auf einer Studie der „Bundeszentrale für gesundheitliche Aufklärung" (BZgA). Demnach sank der Anteil der Raucher in der Gruppe der 12- bis 17-Jährigen von 27,5 % im Jahr 2001 auf 12 % im Jahr 2012. Inzwischen haben demnach 71,7 % der Teenager noch nie an einer Zigarette gezogen - ein neuer Rekord. Das durchschnittliche Alter, in dem die Befragten mit dem Rauchen anfangen, ist der Studie zufolge im Vergleichszeitraum von 13,6 auf 14,4 Jahre gestiegen. Zudem wuchs bei den jungen Erwachsenen bis 25 Jahre die Quote der sogenannten Nie-Raucher auf einen Höchstwert von fast einem Drittel. „Nichtrauchen ist über die letzten Jahre für Jugendliche zu einer gesellschaftlichen Norm geworden", sagte BZgA-Direktorin Elisabeth Pott dem Blatt. Sie forderte allerdings noch mehr Vorbeugung. „Wir müssen die Tabakprävention auch in Zukunft weiter in den Schulen verankern, um alle sozialen Schichten zu erreichen." Es gebe deutliche Bildungsunterschiede im Rauchverhalten, etwa zwischen Gymnasiasten und Hauptschülern.

Rauchen als Einstiegsdroge fürs Kiffen

Die Zahl der jugendlichen Erstkonsumenten steigt. Immer mehr Jugendliche machen Erfahrungen mit illegalen Drogen. Allein in Hamburg hat sich die Zahl der jugendlichen Erstkonsumenten seit 1997 verdoppelt. Dabei scheint bei vielen das Zigarettenrauchen als Einstiegsdroge herzuhalten. 44 % der 15- bis 17-Jährigen gaben in einer Studie an, mindestens einmal im Leben eine oder mehrere illegale Drogen – meist Cannabis – probiert zu haben. Dabei scheint das Zigarettenrauchen eine Art Einstiegsdroge fürs Kiffen zu sein: 77 % der Raucher haben nach eigenen Angaben bereits Cannabis-Erfahrungen, gegenüber 5 % bei Nichtrauchern. Der Studie zufolge belassen es rund 60 Prozent derjenigen, die schon einmal Cannabis genommen, bei einem Probierkonsum. Für eine Gruppe von etwa fünf Prozent habe aber das Rauscherlebnis seinen „Event-Charakter" verloren und ist den Autoren zufolge der Selbstverständlichkeit eines häufigen „Bedröhntseins" gewichen. Diese Gruppe der stark konsumierenden Jugendlichen sei durchweg schlechter in der Schule und spürbar unzufriedener mit sich selbst, der eigenen Familie und dem Leben insgesamt. Für die Studie wurden rund 3.800 Hamburger Schüler ab der 8. Klasse befragt.

Hirnveränderungen infolge frühen Einstiegs in das Kiffen

Jugendliche in Deutschland rauchen statistisch betrachtet mit 16,7 Jahren ihren ersten Joint. Von daher ist anzunehmen, dass viele Jugendliche bereits früher – mit 15 Jahren oder noch jünger – ihre ersten Erfahrungen mit Cannabis machen. Besonders der frühe Einstieg ist mit gesundheitlichen Risiken verbunden. Dies legen neuere Erkenntnisse der Hirnforschung nahe. Es ist damit zu rechnen, dass das Gehirn in einer empfindlichen Entwicklungsphase dauerhaft durch das Kiffen geprägt und geschädigt wird.

Entwirf auf Grundlage dieser drei Nachrichtenartikel zusammen mit deiner Nachbarin/deinem Nachbarn ein Lernplakat. Wählt auch eine geeignete Überschrift. Hilfestellungen zur Erstellung eines Lernplakates findet ihr in eurem Religionsbuch: → WdG S. 250 **V7**.

o.: Nico Hinz, Studie deckt auf: Zahl der jugendlichen Raucher auf Rekord-Tief, aus: Focus Online vom 24.06.2013, http://www.focus.de/gesundheit/news/studie-deckt-auf-zahl-der-jugendlichen-raucher-auf-rekord-tief_aid_1023978.html
M.: http://www.rp-online.de/leben/gesundheit/news/rauchen-als-einstiegsdroge-fuers-kiffen-aid-1.2340857 - 7.1.2015
u.: Nach: http://www.drugcom.de/topthema/hirnveraenderungen-durch-fruehen-einstieg-in-das-kiffen/ - 7.1.2015

3. Verantwortung für das eigene Leben (Die gefährliche Flasche)

Alkoholkonsum richtet erhebliche Schäden an - er greift die Gesundheit an, beeinträchtigt die Denkfähigkeit und Gefühlswelt und zieht nicht selten Konflikte, Krisen oder sogar Kriminalität nach sich.
Obwohl die meisten Menschen um die Schäden wissen, die Alkohol anrichten kann, trinken zunehmend jüngere unkontrolliert viel davon. **Flatrate-Trinken** oder „All you can drink"-Partys stehen bei Jugendlichen hoch im Kurs.

1 Trage die im Zeitungsartikel genannten **Fakten** zusammen.

• ____________________	• ____________________
• ____________________	• ____________________
• ____________________	• ____________________
• ____________________	• ____________________
• ____________________	• ____________________

52 Gläser Tequila, zwei Wochen Koma

10. März 2007 – BERLIN **Der Fall entsetzt Ärzte, Politiker und Suchtexperten: Ein 16-jähriger Berliner hat sich ins Koma gesoffen, er ringt mit dem Tod. Flatrate-Feten oder „All you can drink"-Partys werden bei Jugendlichen immer beliebter.**

Berlin – Saufen bis der Arzt kommt – der Trend nimmt unter Jugendlichen in ganz Deutschland deutlich zu, bestätigen Experten. Die Berliner Sozialsenatorin Heidi Knake-Werner äußerte sich kürzlich besorgt über eine „relativ kleine Gruppe von Jugendlichen", die das „Kampftrinken und Komasaufen" als eine Art Sport betreibe. „Es scheint so zu sein, dass die Gesellschaft immer süchtiger wird", sagte Rolf Hüllinghorst, Geschäftsführer der Deutschen Hauptstelle für Suchtfragen (DHS). „Das was man tut, tut man bis zum Umfallen." Zwar sei der Konsum von Alkohol, Cannabis und Tabak durch Jugendliche in den vergangenen zwei Jahren massiv zurückgegangen und wieder auf den Stand von 1994 gesunken. Entwarnung bedeute das aber nicht, im Gegenteil: „Jugendliche trinken zwar generell weniger, aber diejenigen, die trinken, trinken mehr". 2005 wurden 274 Kinder und Jugendliche wegen „akuten Rausches" stationär behandelt. Im Jahr 2000 waren es 156 Betroffene.

Jetzt entsetzt der Fall eines 16-Jährigen. Der Berliner soll binnen kurzer Zeit 52 Gläser Tequila getrunken haben. Seit rund zwei Wochen liegt er im Koma – und kämpft gegen den Tod. „Diese Dosis kann in jedem Fall tödlich sein", sagte Fritz Pragst, Toxikologe am Institut für Rechtsmedizin der Berliner Charité. Dem Trend Vorschub leisten die derzeit in Diskotheken angesagten „All you can drink"-Partys zu besonders günstigen Pauschalpreisen. Die Jugendlichen haben bei diesen speziellen Angeboten die Möglichkeit, sich für wenig Geld mit so viel Hochprozentigem zu betrinken, wie sie aushalten. Bekannt sind solche Veranstaltungen auch unter dem Namen Flatrate-Party – analog zum Internet-Anschluss, bei dem der Kunde permanent surfen und herunterladen kann.

Ein Sprecher der Bundesdrogenbeauftragten bescheinigt den Jugendlichen ein „zu lockeres, unkritisches Verhältnis" zum Alkohol. Eine Studie des Uno-Kinderhilfswerks Unicef besagt, dass im Vergleich von 21 Industrienationen nur die britischen Kinder mehr Alkohol trinken als die deutschen. Die Gründe seien vielschichtig, sagte Christa Merfert-Diete von der DHS. „Eine wichtige Rolle spielt sicherlich die Werbung, die Alkohol als Genussmittel verklärt". Dem Rausch- und Nervengift fallen nach ihren Angaben jährlich allein in Deutschland rund 40.000 Menschen zum Opfer. „Die Alkoholindustrie sucht immer neue Absatzmärkte und hat mit neuen Pro-

http://www.spiegel.de/wissenschaft/mensch/neues-jugendhobby-52-glaeser-tequila-zwei-wochen-koma-a-470914.html - 7.1.2015

2 Welche Aussage der im Zeitungsartikel zitierten Fachleute findest du **besonders erschreckend?** Begründe deine Wahl.

3 Wie denkst **du persönlich** über das Thema „Alkohol"? Könnte dir unter bestimmten Umständen Ähnliches wie dem 16-jährigen Berliner Gymnasiasten passieren? Wenn „ja", warum und in welcher Situation – wenn „nein", warum nicht?

dukten, die auch Kinder mögen, die junge Zielgruppe klar im Visier", sagte Merfert-Diete. Die DHS fordert von Politikern, die Werbung für Alkohol zu verbieten und die Alterskontrollen beim Verkauf an Jugendliche zu verstärken.
Ein weiteres Problem sei, dass gerade in Deutschland der Alkoholkonsum fest in der Tradition des Landes verwurzelt sei. „Wein und Bier gelten bei uns als Kulturgut, das sogar in Form von Steuerbegünstigung subventioniert wird", kritisierte Merfert-Diete. Bei Jugendlichen führe das positive Image von Alkohol auch dazu, dass Trinkfestigkeit als erstrebenswerte Eigenschaft und vermeintliches Zeichen der Reife gelte.
Weshalb den 16-jährigen Berliner Gymnasiasten angesichts von 52 Schnäpsen nicht zwischenzeitlich ein Ekelgefühl befiel, das den Exzess auf natürliche Art gestoppt hätte, erklärte Toxikologe Pragst so: „Wenn in kurzer Zeit große Mengen getrunken werden, setzt die toxische Wirkung des Alkohols mitunter schneller ein als das Ekelgefühl. Die natürliche Gegenreaktion wird also gehemmt." Offenbar hat der Jugendliche aus einem bürgerlichen Berliner Stadtteil ein regelrechtes Kampftrinken veranstaltet – sonst hätte ihn die Übelkeit womöglich vor seiner nun lebensbedrohlichen Lage bewahrt.

4 Was meinst du – wie sollten die **Politikerinnen und Politiker** reagieren? Hilft ein gesetzliches Verbieten von Flatrate-Trinken? Begründe deine Meinung. Bedenke dabei auch die zwei Stellungnahmen unten.

Nadine W. (17), Schülerin:
„Drogen sind auch verboten und schrecken die Jugendlichen überhaupt nicht davon ab."

Klaus-Peter G. (54), Lehrer:
„Die Eltern sollten ihre Kinder aufklären und auf die Gefahren hinweisen. Der Staat und insbesondere die Schule sind nicht die Erziehungsinstrumente, wenn die Eltern versagen."

3. Verantwortung für das eigene Leben (Das verführerische Netz) 4. Verantwortung für andere Menschen

Wer ist für die Gewalt verantwortlich?

Am 26. April 2002 verübte ein ehemaliger Schüler am **Gutenberg-Gymnasium in Erfurt** einen blutigen **Amoklauf**. Der 19-jährige Robert S., Waffennarr und Fan von Gewaltvideos und Ego-Shooterspielen, hatte das Gymnasium wegen eines Verweises verlassen müssen. Er tötete daraufhin (?) 17 Menschen, darunter Lehrer, Schüler und Polizisten, bevor er sich selbst erschoss. Die Ursachenforschung setzte unmittelbar nach dem Ereignis ein und entfachte eine **Diskussion über Gewalt in den Medien und in Computerspielen**. Sehr schnell waren Analysen von Psychologen und Kommentare von Politikern zu hören, die Gewaltdarstellungen in Video-Games seien mitverantwortlich für solche Ereignisse wie in Erfurt. Politiker verlangten zum Teil ein **vollständiges Verbot von Gewalt-Videos und -Spielen**. Andere Stimmen warnten aber auch vor einseitigen Erklärungen und vorschnellen Verteufelungen bestimmter Computerspiele: Einen einfachen, direkten Zusammenhang zwischen virtueller und realer Gewalt gebe es nicht. Auch Jahre danach bleibt die Frage aktuell: Wer ist für die Gewalt verantwortlich?

1 Nimm Stellung zu den im Text unterstrichenen Aussagen. Begründe deine Meinung.

A ______________________________

____

____

B ______________________________

____

____

C ______________________________

____

____

D ______________________________

____

____

E ______________________________

____

____

2 Bei der Frage, ob die Nutzung von Computerspielen die Gewaltbereitschaft fördert und den schulischen Leistungen schadet, sind sich die Experten bis heute uneins. Hast du dafür eine Erklärung?

____

____

____

____

____

____

____

____

____

3 „Wer ist für die Gewalt verantwortlich?" Verfasse eine eigene Antwort.

____

____

____

____

____

____

____

____

____

Meistbesucht

Videospiele mit Gewalt lassen das Mitleid schrumpfen

Kurzfristig scheinen diese Spiele aggressive Gedanken und Handlungen zu fördern

Die These, dass es **A)** einen direkten Zusammenhang zwischen dem Konsum von Gewalt verherrlichenden Videospielen, speziell „Ego-Shootern“, und direkter Gewaltausübung gibt, ist durch amerikanische Wissenschaftler erhärtet worden. Psychologen der Iowa-State-University hatten über 200 Jugendlichen die Wahl gelassen zwischen einem harmlosen Fantasyspiel und einem Ego-Shooter aus der Wolfenstein-Serie.

Im Anschluss ließen sie die Jugendlichen in einem einfachen Reaktionsspiel gegeneinander antreten. Auf ein Signal hin sollte möglichst schnell eine Taste gedrückt werden. Der Sieger durfte den Unterlegenen per Kopfhörer mit einem unangenehmen Geräusch quälen, wobei er die Intensität und die Dauer des Tons frei bestimmen konnte. Ein eindeutiges Ergebnis war festzustellen. Die Jugendlichen, die zuvor Ego-Shooter gespielt hatten, quälten ihre Opfer hingebungsvoll, während die Fantasyspieler auf das Leid der anderen mit erheblich stärkerer Einfühlung reagierten. Der Leiter der Studie Craig Anderson kam zu dem Schluss, **B)** dass gewalthaltige Computerspiele zumindest kurzfristig aggressive Gedanken und Handlungen zu fördern scheinen.

Wissenschaftler konnten bisher nicht zweifelsfrei belegen, dass Gewalt-Computerspiele Kinder und Jugendliche dauerhaft emotional prägen. Es liegen keine entsprechenden Langzeitstudien vor. Forschungen von Neurologen aus jüngerer Zeit weisen darauf hin, dass die Kontrolle von aggressiven Gefühlen und Impulsen in den sogenannten Frontallappen im Vorderhirn geschieht. Der Hirnforscher Vincent P. Mathews stellt bei amerikanischen Jugendlichen fest, dass die Aktivität in diesen Lappen beim Spielen von Gewaltvideos deutlich sinkt und damit die Steuerung des aggressiven Potenzials erheblich geringer wird.

Der Sozialwissenschaftler und Medienforscher Jürgen Fritz von der Fachhochschule Köln **C)** nimmt allerdings nicht an, dass in jedem Fan gewaltsamer Computerspiele gleich ein Amokläufer steckt. Besondere Umstände müssten für Taten wie in Erfurt hinzukommen. Bei Robert S. habe ein Schulverweis eine entscheidende Rolle gespielt, es könne aber auch eine unglückliche erste Liebe sein oder eine tiefe Kränkung.

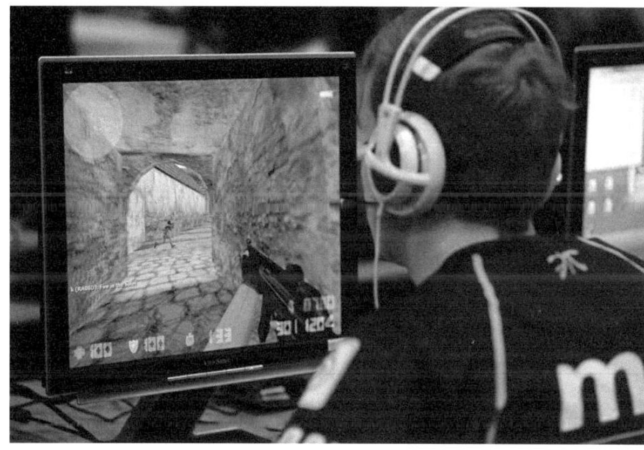

Machen Computerspiele dumm?

Spielen am Computer und schulische Leistungen haben miteinander zu tun. Darauf macht Christian Pfeiffer, Direktor des Kriminologischen Forschungsinstituts Niedersachsen, aufmerksam. Er konnte in einer Untersuchung bei Viertklässlern in Dortmund den Nachweis führen, dass es eine enge Beziehung zwischen der Computerspielnutzung und den Schulnoten in den Fächern Deutsch, Mathematik und Sachkunde gibt. Kinder mit eigener Spielkonsole liegen in diesen Fächern eine halbe Note unter dem Durchschnitt. **D)** Vor dem Fernsehgerät oder Computer säßen vor allem Jungen. Das sei der Grund, **E)** weshalb die schulische Leistungskraft der Jungen zunehmend zurückgehe. Sie erhielten von den Grundschulen weniger Empfehlungen für den Besuch des Gymnasiums. Dort, wo Spitzenleistungen gefragt werden, erläutert Pfeiffer, seien verstärkt die Frauen vorn.

Angaben nach www.3sat.de

1. Woher kommen wir? Wohin gehen wir?

Analysiere zusammen mit deiner Nachbarin / deinem Nachbarn das Bild **„Der Tanz des Lebens" von Edvard Munch (→ WdG S. 61).** Beantwortet dazu vier der fünf **„Fragen an ein Bild" (→ WdG S. 128).**
Tipp: Lest und diskutiert zunächst die Erläuterungen im Buch zu den „Fragen an ein Bild" (→ WdG S. 128) sowie die bereits eingetragenen Hinweise zu Frage **1**.

(1) Künstler/Zeit: *„Wer hat das Bild gemalt?"*

- Edvard Munch wurde 1863 im norwegischen Loten geboren und wuchs in der Hauptstadt Oslo auf.
- Sein Vater Christian war ein tief religiöser Militärarzt mit bescheidenem Einkommen, seine Mutter Laura Catherine eine um 20 Jahre jüngere Kaufmannstochter.
- Edvards Mutter starb an Tuberkulose als er erst fünf Jahre alt war.
- Edvards ältere Schwester Sophie, seine Lieblingsschwester, wurde ebenfalls Opfer der Tuberkulose.
- Edvards jüngere Schwester Laura litt an starken Depressionen und musste ärztlich behandelt werden.
- Von Edvards fünf Geschwistern heiratete nur sein Bruder Andreas, der aber auch wenige Monate nach der Hochzeit verstarb.
- Edvard Munch begann seine künstlerische Ausbildung in Oslo, zog später nach Berlin und Paris und kehrte schließlich nach Norwegen zurück.
- Mehrere Jahre war Munch aufgrund einer Augenkrankheit arbeitsunfähig. Er hatte insgesamt eine schwache Gesundheit.
- Die Nationalsozialisten diffamierten Munchs Arbeiten als „entartete Kunst" und beschlagnahmten 1937 einen Großteil seiner Werke aus deutschen Sammlungen.
- Edvard Munch starb 1944 in der Nähe von Oslo.
- Das Bild „Der Tanz des Lebens" (1899/1900) fertigte Munch nach einer längeren Krankheit mit anschließendem Sanatoriumsaufenthalt (vermutlich wegen Alkoholismus) an. Es hat von allen Bildern das größte Format und stellt auch inhaltlich einen Höhepunkt dar.
- Die Eindrücke von Krankheit, Tod und Trauer bestimmten hauptsächlich Munchs Werke.
- „Der Schrei" ist mit Abstand das bekannteste und teuerste Bild von Edvard Munch.

BILD

Edvard Munch: „

(2) Inhalt: *„Was ist dargestellt?"*

(3) Form: ***„Wie ist das Bild gestaltet?“***

(4) Sinn: ***„Welche Bedeutung hat das Bildthema?“***

LYSE

anz des Lebens“

(5) Wirkung: ***„Wie wirkt das Bild auf mich?“***

2. Erzählungen der Mythen

Was sind Mythen?

- ✓ **Mythen** sind Sinngeschichten, die Sinnfragen stellen und Antworten darauf versuchen.
- ✓ **Mythen** erzählen in der Sprache der Bilder und Symbole von ungewöhnlichen Geschehnissen, die sich in Urzeiten zugetragen haben und die Lebenswelt bestimmen.
- ✓ **Mythen** sprechen zumeist vom Ursprung und Ziel der Welt, der Götter und der Menschen.
- ✓ **Mythen** handeln oft von dem, was niemals war und immer ist.
- ✓ **Mythen** beinhalten häufig **„Ätiologien“** (griech. = „Lehre von den Ursachen“); sie sind also auch Erklärungsgeschichten, die anknüpfend an den Erfahrungen der Menschen Erklärungen für den „Ist-Zustand“ geben.

Erfahrungen der Menschen (z. B. „Es gibt neben dem trockenen Land Flüsse und Sümpfe. Warum aber?“)

... gehen ein in

Mythen

... geben

Erklärungen für den „Ist-Zustand“ (z. B. „Die Flüsse sind aus den Augen von Göttern entstanden.“)

1 Untersuche die **„Mythen über den Anfang von Welt und Mensch“ (→ WdG S. 62–63)** auf darin enthaltene **Ätiologien**. Welche Erfahrungen der Menschen sind in die Mythen jeweils eingegangen? Welche Erklärungen können die Mythen für den „Ist-Zustand“ geben?

Mythen über den Anfang von Welt und Mensch ...	**Erfahrungen**	**Erklärungen**
der **Ägypter**		
der **Babylonier**		
der **Griechen**		
der **Germanen**		

2 Tue dies auch für die **zwei Schöpfungstexte** am Anfang **der Bibel**. Lies dazu **Gen 1,1–2,4a** (→ WdG S. 70–71) und **Gen 2,4b–15** (→ Arbeitsheft S. 18–19) und notiere deine Beobachtungen in der Tabelle.

Schöpfungstext in der Bibel	**Erfahrungen**	**Erklärungen**
Erster Schöpfungstext: **Gen 1,1–2,4a** (→ WdG S. 70–71)		
Zweiter Schöpfungstext: **Gen 2,4b–15** (→ Arbeitsheft S. 18–19)		

3 Was stellst du fest, wenn du die Eintragungen beider Tabellen vergleichst?

6. Im Anfang schuf Gott Himmel und Erde

7. Adam und Eva

Der **Anfang der Welt** ist in der Bibel ein zentrales Thema – die Bibel beginnt mit dem Satz: „Im Anfang schuf Gott Himmel und Erde." (Gen 1,1)

Bemerkenswert ist dabei, dass in der Bibel zwei Schöpfungstexte mit Unterschieden bis hin zu Widersprüchen Platz gefunden haben.

Zweiter Schöpfungstext: Gen 2,4b–3,24

2 4b Zur Zeit, als Gott, der Herr, Erde und Himmel machte, 5 gab es auf der Erde noch keine
Feldsträucher und wuchsen noch keine Feldpflanzen; denn Gott, der Herr, hatte es auf die
Erde noch nicht regnen lassen und es gab noch keinen Menschen, der den Ackerboden bestellte;
6 aber Feuchtigkeit stieg aus der Erde auf und tränkte die ganze Fläche des Ackerbodens. 7 Da
formte Gott, der Herr, den Menschen aus Erde vom Ackerboden und blies in seine Nase den
Lebensatem. So wurde der Mensch zu einem lebendigen Wesen. 8 Dann legte Gott, der Herr, in
Eden, im Osten, einen Garten an und setzte dorthin den Menschen, den er geformt hatte. 9 Gott,
der Herr, ließ aus dem Ackerboden allerlei Bäume wachsen, verlockend anzusehen und mit köstli-
chen Früchten, in der Mitte des Gartens aber den Baum des Lebens und den Baum der Erkennt-
nis von Gut und Böse. [...] 15 Gott, der Herr, nahm also den Menschen und setzte ihn in den
Garten von Eden, damit er ihn bebaue und hüte. 16 Dann gebot Gott, der Herr, dem Menschen:
Von allen Bäumen des Gartens darfst du essen, 17 doch vom Baum der Erkenntnis von Gut und
Böse darfst du nicht essen; denn sobald du davon isst, wirst du sterben. 18 Dann sprach Gott, der
Herr: Es ist nicht gut, dass der Mensch allein bleibt. Ich will ihm eine Hilfe machen, die ihm
entspricht. 19 Gott, der Herr, formte aus dem Ackerboden alle Tiere des Feldes und alle Vögel des
Himmels und führte sie dem Menschen zu, um zu sehen, wie er sie benennen würde. Und wie der
Mensch jedes lebendige Wesen benannte, so sollte es heißen. 20 Der Mensch gab Namen allem
Vieh, den Vögeln des Himmels und allen Tieren des Feldes. Aber eine Hilfe, die dem Menschen
entsprach, fand er nicht. 21 Da ließ Gott, der Herr, einen tiefen Schlaf auf den Menschen fallen,
sodass er einschlief, nahm eine seiner Rippen und verschloss ihre Stelle mit Fleisch. 22 Gott, der
Herr, baute aus der Rippe, die er vom Menschen genommen hatte, eine Frau und führte sie dem
Menschen zu. 23 Und der Mensch sprach: Das endlich ist Bein von meinem Bein / und Fleisch von
meinem Fleisch. / Frau soll sie heißen, / denn vom Mann ist sie genommen. 24 Darum verlässt der
Mann Vater und Mutter und bindet sich an seine Frau und sie werden *ein* Fleisch. 25 Beide, Adam
und seine Frau, waren nackt, aber sie schämten sich nicht voreinander.

3 1 Die Schlange war schlauer als alle Tiere des Feldes, die Gott, der Herr, gemacht hatte. Sie
sagte zu der Frau: Hat Gott wirklich gesagt: Ihr dürft von keinem Baum des Gartens essen?
2 Die Frau entgegnete der Schlange: Von den Früchten der Bäume im Garten dürfen wir essen;
3 nur von den Früchten des Baumes, der in der Mitte des Gartens steht, hat Gott gesagt: Davon
dürft ihr nicht essen und daran dürft ihr nicht rühren, sonst werdet ihr sterben. 4 Darauf sagte die
Schlange zur Frau: Nein, ihr werdet nicht sterben. 5 Gott weiß vielmehr: Sobald ihr davon esst,

Erster Schöpfungstext: Gen 1,1–2,4a
- Text: WdG S. 70–71
- Hinweise zum Text: WdG S. 72–73

Zweiter Schöpfungstext: Gen 2,4b–3,24
- Text: die Buchseiten unten
- Hinweise zum Text: WdG S. 76–77

gehen euch die Augen auf; ihr werdet wie Gott und erkennt Gut und Böse.
6 Da sah die Frau, dass es köstlich wäre, von dem Baum zu essen, dass der Baum
eine Augenweide war und dazu verlockte, klug zu werden. Sie nahm von seinen Früchten
und aß; sie gab auch ihrem Mann, der bei ihr war, und auch er aß. 7 Da gingen beiden die Augen
auf und sie erkannten, dass sie nackt waren. Sie hefteten Feigenblätter zusammen und machten
sich einen Schurz. 8 Als sie Gott, den Herrn, im Garten gegen den Tagwind einherschreiten
hörten, versteckten sich Adam und seine Frau vor Gott, dem Herrn, unter den Bäumen des
Gartens. 9 Gott, der Herr, rief Adam zu und sprach: Wo bist du? 10 Er antwortete: Ich habe dich im
Garten kommen hören; da geriet ich in Furcht, weil ich nackt bin, und versteckte mich. 11 Darauf
fragte er: Wer hat dir gesagt, dass du nackt bist? Hast du von dem Baum gegessen, von dem zu
essen ich dir verboten habe? 12 Adam antwortete: Die Frau, die du mir beigesellt hast, sie hat mir
von dem Baum gegeben und so habe ich gegessen. 13 Gott, der Herr, sprach zu der Frau: Was hast
du da getan? Die Frau antwortete: Die Schlange hat mich verführt und so habe ich gegessen.
14 Da sprach Gott, der Herr, zur Schlange: Weil du das getan hast, bist du verflucht / unter allem
Vieh und allen Tieren des Feldes. / Auf dem Bauch sollst du kriechen / und Staub fressen alle
Tage deines Lebens. 15 Feindschaft setze ich zwischen dich und die Frau [...]. 16 Zur Frau sprach er:
Viel Mühsal bereite ich dir, sooft du schwanger wirst. / Unter Schmerzen gebierst du Kinder. / Du
hast Verlangen nach deinem Mann; / er aber wird über dich herrschen. 17 Zu Adam sprach er:
Weil du auf deine Frau gehört und von dem Baum gegessen hast, von dem zu essen ich dir verbo-
ten hatte: So ist verflucht der Ackerboden deinetwegen. / Unter Mühsal wirst du von ihm essen /
alle Tage deines Lebens. 18 Dornen und Disteln lässt er dir wachsen / und die Pflanzen des Feldes
musst du essen. 19 Im Schweiße deines Angesichts / sollst du dein Brot essen, / bis du zurück-
kehrst zum Ackerboden; / von ihm bist du ja genommen. / Denn Staub bist du, zum Staub musst
du zurück. 20 Adam nannte seine Frau Eva (Leben), denn sie wurde die Mutter aller Lebendigen.
21 Gott, der Herr, machte Adam und seiner Frau Röcke aus Fellen und bekleidete sie damit.
22 Dann sprach Gott, der Herr: Seht, der Mensch ist geworden wie wir; er erkennt Gut und Böse.
Dass er jetzt nicht die Hand ausstreckt, auch vom Baum des Lebens nimmt, davon isst und ewig
lebt! 23 Gott, der Herr, schickte ihn aus dem Garten von Eden weg, damit er den Ackerboden
bestellte, von dem er genommen war. 24 Er vertrieb den Menschen und stellte östlich des Gartens
von Eden die Kerubim auf und das lodernde Flammenschwert, damit sie den Weg zum Baum des
Lebens bewachten.

1 Vergleiche mit Hilfe der Informationen im Buch den ersten und zweiten Schöpfungstext in der Bibel (Entstehung, Merkmale, Form, wichtige Inhalte usw.).

Erster Schöpfungstext: Gen 1,1–2,4a	**Zweiter Schöpfungstext: Gen 2,4b–3,24**

2 **Zum Schluss eine Frage zum Nachdenken:** Was könnte die jüdischen Schriftgelehrten bewegt haben, beide Schöpfungstexte trotz ihrer Unterschiede und Widersprüche in die Bibel aufzunehmen? Warum haben sie nicht nur einen Text ausgewählt?

2. Von Gottes Geist gerufen (I)

1 **Überprüfe dein Wissen zum Thema „Gerufene und Rufer – Die Propheten“.** Trage dazu die passenden **30 Begriffe** aus dem Kasten in den Lückentext ein. Einige Hinweise gibt dir der Lexikonartikel im Religionsbuch (→ WdG S. 92 L). Hier und da musst du aber auch selbstständig den richtigen Begriff erschließen.

Tipp: Zuerst mit Bleistift arbeiten!

Gerufene und Rufer – Die Propheten

verfolgt, Zukunft, Gegenwart, Gottes Heil, Schriften, Israels, Juden, Christen, Hoffnung, Tod, Feinde, prophetischen Bücher, Bibel, Gerechtigkeit und Frieden, Hauptteil, Ungerechtigkeit, Geboten Gottes, Mächtigen, getötet, Gott, Auftrag, ansagt, Gottes Gericht, Elend, Trostes, kleinen Leute, Unrecht, Gotteswort, Wahrsager, Verhalten

Ein Prophet ist kein Hellseher oder ________________, sondern – wörtlich übersetzt – jemand, der etwas ________________. Propheten wissen sich von ________________ gerufen, reden in seinem ________________ und wollen, dass Gottes ________________ verwirklicht werden. Ihre Reden und Mahnungen beziehen sich vor allem auf ihre konkrete ________________. Die Propheten ________________ litten unter dem ________________ der Gegenwart und hofften auf eine bessere ________________. Den ________________ leisteten die Propheten Widerstand und kritisierten sie mit scharfen Worten, wenn sie ________________ taten; die ________________ nahmen die Propheten in Schutz. Sie drohten und ermahnten aber nicht nur in Zeiten großer ________________, sondern fanden auch in Zeiten der Not Worte des ________________ und der ________________ für ihr Volk. Immer forderten die Propheten ein ________________ ein, dass sich an den ________________ orientiert. Einige von ihnen haben auch ________________, vor allem aber ________________ angekündigt. Wegen ihrer oft unbequemen Worte hatten die Propheten auch ________________ und wurden ________________ oder sogar ________________. Nach dem ________________ der Propheten sammelte man ihre Reden und ________________. So entstanden die ________________, die im Ersten Testament gesammelt sind und dort einen ________________ ausmachen. Die Prophetenbücher werden von den ________________ als ________________ gelesen. Auch die ________________ zählen diese Bücher zu ihrer ________________ und schätzen sie sehr.

2 Propheten sind keine Hellseher, die Ereignisse **vorhersagen,** wie es etwa die Wettervorhersage tut. Vielmehr sind es Menschen, die etwas ansagen, heraussagen oder – so könnte man es auch ausdrücken – **hervorsagen.**
Finde Beispiele, die dieses Begriffspaar (vorhersagen ⇔ hervorsagen) verdeutlichen und damit den Unterschied zwischen Hellsehern und Propheten erklären.

____

____

____

____

2. Von Gottes Geist gerufen (II)

1 Erstelle mit Hilfe des Textes „Propheten – Ein heutiger Jude erzählt“ (→ WdG S. 92), dem Lexikonartikel (→ WdG S. 92 L) und dem Lückentext in deinem Arbeitsheft (→ Arbeitsheft S. 21) ein **Prophetenprofil**, das über Eigenschaften und Tätigkeiten von Propheten Auskunft gibt.

Prophetenprofil

____

____

____

____

____

____

____

____

____

2 Versetze dich in die Lage eines **Propheten von heute** – was würdest du an unserer heutigen Welt kritisieren? Bestimme einen Adressatenkreis (Familie, Schule, Freundeskreis, Stadt, Gemeinde, Land, Welt, ...) und verfasse eine eigene, passende **Prophetenrede**. Gib deiner Rede auch eine Schlagzeile.

____

____

____

____

____

____

____

____

____

4. Elija – Ein Kämpfer für Gott WdG S. 94–95

5. Jesaja – Träumer einer neuen Welt WdG S. 96–97

6. Jeremia – Unter der Last von Gottes Ruf WdG S. 98–99

7. Jona – Gnade vor Recht WdG S. 100–101

Das Alte Testament kennt eine **Vielzahl von Prophetinnen und Propheten**. Was von ihnen überliefert ist, ist größtenteils in **gleichnamigen Büchern**, wie z. B. dem „Buch **Jesaja**", dem „Buch **Jeremia**" oder dem „Buch **Jona**" zu finden. Es gibt aber auch Ausnahmen. So stehen etwa die Erzählungen über den Propheten **Elija** in dem ersten und zweiten „Buch der Könige", also in Büchern, die die Geschichte Israels darstellen. Die vier genannten Propheten (Elija, Jesaja, Jeremia und Jona) sind von besonderer Bekanntheit und Bedeutung.

1 Verfasse vier **Propheten-Steckbriefe**, die über das Leben und die Erzählungen Auskunft geben. Lies dazu die in der Überschrift angegebenen Seiten und notiere zunächst Wichtiges stichwortartig auf diesem Blatt. Fülle dann die vier Steckbriefe auf der nächsten Doppelseite aus.

____

____

____

____

____

____

____

____

____

____

____

____

____

____

____

2 Vergleiche deine vier Steckbriefe. Welche **Gemeinsamkeiten** fallen dir auf, wenn du auf die einzelnen Abschnitte blickst?

I) ______________________________

____

____

____

II) ______________________________

____

____

____

III) ______________________________

____

____

____

IV) ______________________________

____

____

____

____

V) ______________________________

____

____

3 Wenn du wählen dürftest – welcher der vier vorgestellten Propheten wäre dein **Lieblingsprophet**? Begründe deine Wahl. Schreibe in dein Heft.

1. Steckbrief: Elija

I) Daten zur Person bzw. zu den Erzählungen über ihn:

II) Wichtige Stationen und Ereignisse in Elijas Leben:

III) Elijas Kritik:

IV) Das würde Elija an unserer heutigen Welt kritisieren:

V) Das finde ich am Propheten Elija bzw. an den Erzählungen über ihn besonders beeindruckend:

2. Steckbrief: Jesaja

I) Daten zur Person bzw. zum Buch Jesaja:

II) Wichtige Stationen und Ereignisse in Jesajas Leben:

III) Jesajas Kritik:

IV) Das würde Jesaja an unserer heutigen Welt kritisieren:

V) Das finde ich am Propheten Jesaja besonders beeindruckend:

3. Steckbrief: Jeremia

I) Daten zur Person bzw. zum Buch Jeremia:

II) Wichtige Stationen und Ereignisse in Jeremias Leben:

III) Jeremias Kritik:

IV) Das würde Elija an unserer heutigen Welt kritisieren:

V) Das finde ich am Propheten Jeremia besonders beeindruckend:

4. Steckbrief: Jona

I) Daten zur Person bzw. zum Buch Jona:

II) Wichtige Stationen und Ereignisse in Jonas Leben:

III) Jonas Kritik:

IV) Das würde Jona an unserer heutigen Welt kritisieren:

V) Das finde ich am Propheten Jona bzw. den Erzählungen über ihn besonders beeindruckend:

8. Propheten kommen immer wieder (I)

Mit dem Tod der biblischen Propheten ist der prophetische Geist in unserer Welt nicht erloschen. **Propheten kommen immer wieder.**
So sind seither immer wieder Menschen aufgestanden, die sich, da sie den herrschenden Trends widersprachen, rasch unbeliebt gemacht haben. Sie haben dabei Missstände öffentlich benannt und sich für Gerechtigkeit und Frieden eingesetzt.

Entwirf eine **Mindmap zum Thema „Propheten heute“**.

Was eine Mindmap ist und wie du sie schrittweise aufbaust, kannst du bei den Vorschlägen zum Lernen nachlesen:
- WdG S. 251 V9

Erste Informationen zum Thema gibt dir der entsprechende Lexikonartikel:
- WdG S. 102 L

Vielleicht liest du auch noch einmal **deine eigenen Ideen** zu diesem Thema:
→ Arbeitsheft S. 22 Aufgabe 2

Beispiele für Menschen mit prophetischen Zügen findest du auf den folgenden Seiten (Auswahl):
- 1098–1179: Hildegard von Bingen
  → WdG S. 188–189
- 1182–1226: Franz von Assisi
  → WdG S. 194–197
- 1194–1253: Klara von Assisi
  → WdG S. 196
- 1452–1498: Girolamo Savonarola
  → WdG S. 211
- 1483–1546: Martin Luther
  → WdG S. 212–216
- 1591–1635: Friedrich Spee
  → WdG S. 200–201
- 1881–1963: Papst Johannes XXIII.
  → WdG S. 46
- 1906–1945: Dietrich Bonhoeffer
  → WdG S. 33
- 1907–1943: Franz Jägerstätter
  → WdG S. 102
- 1910–1997: Mutter Teresa
  → WdG S. 181
- 1920–2005: Papst Johannes Paul II.
  → WdG S. 245
- 1929–1968: Martin Luther King
  → WdG S. 103
- 1900–1995: Getrud Luckner
  → WdG S. 244
- 1959: Rigoberta Menchú Tum
  → WdG S. 102

Natürlich kannst du auch eigene Beispiele aus der Geschichte in deine Mindmap aufnehmen (Mahatma Gandhi, Sophie Scholl, usw.).

Notiere deine Mindmap zum Schluss auf der folgenden Seite.

Entwurf zur Mindmap

PROPHETEN HEUTE

8. Propheten kommen immer wieder (II)

Das **Gedicht „Quantitativer Irrtum“ von Wilhelm Willms** (1930–2002; deutscher katholischer Priester) hat viele Gemeinsamkeiten mit prophetischen Texten. Wie Propheten es tun, so beschreibt auch Willms in seinem Gedicht nicht nur die heutige Lage, sondern führt ebenso Kritik an.

Wilhelm Willms: Quantitativer Irrtum

1. so reich
waren wir nie
wie heute
so habgierig aber
waren wir auch nie
wie heute

2. so viele kleider
hatten wir nie
wie heute
so ausgezogen
so nackt aber
waren wir auch nie
wie heute

3. so satt
waren wir nie
wie heute
so unersättlich aber
waren wir auch nie
wie heute

4. so schöne häuser
hatten wir nie
wie heute
so unbehaust
so heimatlos aber
waren wir nie
wie heute

5. so versichert
waren wir nie
wie heute
so unsicher aber
waren wir nie
wie heute

6. so weit gereist
waren wir nie
wie heute
so eng aber
war für uns das land nie
wie heute

7. so viel zeit
hatten wir nie
wie heute
so gelangweilt aber
waren wir auch nie
wie heute

8. so vielwissend
waren wir nie
wie heute
so sehr die übersicht
verloren
haben wir nie
wie heute

9. so viel gesehen
haben wir nie
wie heute
so blind aber
waren wir nie
wie heute

10. so viel licht
hatten wir nie
wie heute
so dunkel aber
war es nie
wie heute

11. so eng aufeinander
haben die menschen nie
gelebt
wie heute
so weit weg voneinander aber
waren die menschen nie
wie heute

12. so hoch entwickelt
waren wir nie
wie heute
so sehr am ende aber
waren wir nie
wie heute

Wilhelm Willms

Wilhelm Willms, der geerdete himmel, Butzon & Bercker, Kevelaer 1974, S. 76.

1 Welche Kritik steckt in dem Gedicht? Notiere deine Assoziationen zu **drei Strophen deiner Wahl** und formuliere anschließend jeweils einen Slogan, der die Beschreibung der Lage sowie die vorgebrachte Kritik auf den Punkt bringt. Erarbeite auch einen Lösungsvorschlag – was könntest du / könntet ihr dazu beitragen, damit sich das in der Strophe Angesprochene in deinem Leben / in deiner Umgebung bessert? Schreibe jeweils in den passenden Rahmen.

2 Entwirf zu dem Gedicht eine **Collage**, indem du die einzelnen Strophen bildnerisch (Fotos aus Zeitschriften oder Werbeprospekten, eigene Bilder, Zeichnungen oder Skizzen) umsetzt.

3 Was unterscheidet aber das Gedicht von prophetischen Texten? Entschlüssel die 10 Lösungswörter, deren Buchstaben verdreht sind, und vervollständige den Antwortsatz.

SIT LIESP TTOG NIS
NIE LEIT RINGBEN URN
RED TIKRIK

Die Propheten

_ _ _ _ _ _ _ _ _ _ _

_ _ _ _ _ _ _ _ _,

die Beschreibung der Lage

_ _ _ _ _ _ _ _ _

_ _ _ _ _ _ _

_ _ _ _ _ _!

zu Strophe _____:

zu Strophe _____:

zu Strophe _____:

2. Ist Gott so?

3. Das erste Gebot

Du sollst dir kein Gottesbild machen und keine Darstellung von irgendetwas am Himmel droben auf der Erde unten oder im Wasser unter der Erde.

aus dem Buch Exodus 20,4

Das **Bilderverbot**, das in den Zehn Geboten im Alten Testament geschrieben steht, will die Menschen davor schützen, Gott in einem Bild festzulegen: So ist Gott – und nicht anders!
Denn die Bibel betont immer wieder und an verschiedenen Stellen, dass die Wirklichkeit Gottes anders, fern und unsichtbar ist. **„Niemand hat Gott je gesehen"** heißt es z. B. im Evangelium nach Johannes, dem letzten der vier Evangelien im Neuen Testament (Joh 1,18). Das Gebot stellt sich gegen eine Identifikation des Unsichtbaren, Fernen mit einem gestalthaften, nahen Abbild, denn Bilder können Gott nie vollständig erfassen. Zudem soll ein magischer Gebrauch von Gottesbildern verhindern werden.
Trotz dieses Gebotes haben Künstler immer wieder versucht, Gott darzustellen – und du? Jeder Mensch trägt unweigerlich Gottesbilder in seinem Kopf.

1 Wie sieht **dein persönliches Gottesbild** heute aus? Hat sich dein Bild von Gott im Laufe deines Lebens verändert? Verfasse eine **Biografie** deiner Gottesvorstellung, indem du deine persönlichen Gottesbilder aus verschiedenen Lebensphasen vorstellst.

Zum Einstieg: Betrachte das Bild von René Magritte (→ WdG S. 132). Warum trägt es den Titel „Das ist kein Apfel"? Wie müsste eine entsprechende Überschrift zu dem Bild „Gott-Vater" von Veit Stoß (→ WdG S. 130) eigentlich lauten?

____

____

____

____

____

____

____

____

____

____

Biografie meiner Gottesvorstellungen

Meine erste Erinnerung an ein Gottesbild in meinem Leben ...

____

____

____

____

____

Mein Gottesbild als Kleinkind/im Kindergarten ...

____

____

____

____

____

2 Kannst du **Veränderungen** oder **Entwicklungen** entdecken? Findest du hierfür auch Erklärungen? Vergleiche deine Einträge.

Veränderungen/ Entwicklungen	Erklärungen	Vergleich

Mein Gottesbild während der Grundschulzeit ...

Mein Gottesbild vor wenigen Jahren/in der 5. Klasse ...

Mein Gottesbild heute ...

3 **Vergleiche** dein heutiges Gottesbild mit dem deiner Eltern, Großeltern und anderer Erwachsener.

5. Auf den Spuren der Engel

Mit heiterem Ernst begleiten Engel unser ganzes Leben:
- von Geburt an – wenn Eltern ihre kleinen Kinder „Engelchen“ nennen oder mit ihnen „Engelchen, Engelchen flieg“ spielen,
- über viele Lebensstationen – wenn Verliebte einander mit dem Kosename „Mein Engel“ ansprechen,
- bis hin zum Tod – wenn auf Gräbern Engeldarstellungen aufgestellt werden.

1 Trage in einem Brainstorming deine Assoziationen zum Begriff „Engel“ zusammen.

Brainstorming „Engel“

2 Sammle mit deiner Nachbarin/deinem Nachbarn wichtige Eigenschaften von „Engeln“, die im Lexikonartikel (→ WdG S. 136 **L**) vorgestellt werden.

____

____

____

____

3 Werte mit deiner Nachbarin / deinem Nachbarn das Brainstorming aus (→ **1**). In welchen Assoziationen spiegelt sich etwas vom biblischen Engelverständnis (→ **2**) wider?

____

____

____

Im Anschluss an die 10 Gebote im Alten Testament, hinter Rechtsbestimmungen und anderen Vorschriften, die Gott seinem Volk gegeben hat, spricht Gott diese Sätze:
Ich werde einen Engel schicken, der dir vorausgeht. Er soll dich auf dem Weg schützen und dich an den Ort bringen, den ich bestimmt habe.
aus dem Buch Exodus 23,20

4 Was sagt dieser Vers über Engel und ihre Aufträge aus?

____

____

____

____

____

____

5 Dieser Vers steht unmittelbar hinter einer Vielzahl von Geboten, Verboten, Vorschriften und Bestimmungen, die Gott aufgetragen hat. Passt das zusammen?

6 Beschreibe die Engeldarstellung von Paul Klee mit dem Titel „Angelus dubiosus".

7 Welchen Ausdruck/Eindruck macht der Engel auf dich?

8 Lässt sich diese Engeldarstellung mit üblichen Darstellungen (→ WdG S. 136 Bild 1 und 2) in Übereinstimmung bringen? Berücksichtige auch deine Antworten zu **2** und **4**.

9 „Dubiosus" – du kennst vielleicht das Fremdwort „dubios" (= zweifelhaft, unsicher). Ist der „Angelus dubiosus" ein „zweifelhafter Engel" oder ein „zweifelnder Engel" oder beides zugleich oder vielleicht überhaupt kein „Angelus" (= Engel)?

Paul Klee, Angelus dubiosus, 1939

10 Der „Angelus dubiosus" von Paul Klee ist im Original ein farbiges Aquarell. Welche Farbe würdest du dem Engelskörper im Hintergrund geben? Und welche der Maske (Umhang? Flügel?) im Vordergrund? Begründe deine Wahl und vergleiche mit den Hinweisen auf der Lösungsseite.

11 Was/wen benutzt Gott als Engel – damals und heute?

Paul Klee, angelus dubiosus, 1939, 930. Aquarell auf Papier auf Karton, 29,5 x 21 cm, Zentrum Paul Klee, Bern.

6. Altes Testament – Der lebendige Gott Israels

Das Bilderverbot verbietet keine Sprachbilder. Es bezieht sich nur auf Skulpturen, Gemälde, Mosaike, etc. Deshalb stehen Bildworte nicht im Gegensatz zum ersten der Zehn Gebote. So redet die **Bibel** selbst **in vielerlei Bildworten von Gott**. Meist stammen die Vergleiche aus der Lebenswelt der damaligen Menschen. Hier findest du – wie auch in deinem Religionsbuch (→ WdG S. 138) – **Beispiele aus dem Alten Testament**:

1) „Denn bei dir ist die Quelle des Lebens." *(Psalm 36,10a)*

2) „Der Herr ist mein Hirte, nichts wird mir fehlen." *(Psalm 23,1)*

3) „Denn ich bin der Herr, dein Arzt." *(aus dem Buch Exodus 15,26b)*

4) „Der Herr ist dein Hüter, der Herr gibt dir Schatten; er steht dir zur Seite." *(Psalm 121,5)*

5) „Der Herr und Mose redeten miteinander Auge in Auge, wie Menschen miteinander reden." *(aus dem Buch Exodus 33,11a)*

6) „Denn Gott ist König der ganzen Erde." *(Psalm 47,8a)*

7) „Wie eine Mutter ihren Sohn tröstet, so tröste ich euch." *(aus dem Buch Jesaja 66,13a)*

8) „Du umschließt mich von allen Seiten und legst deine Hand auf mich." *(Psalm 139,5)*

1 Fülle die Tabelle aus, indem du die Sätze fortschreibst.

	Bibelstelle	**Gott wird hier verglichen mit ...**	**Die Menschen haben diesen Vergleich angestellt, weil ...**	**Meine Bemerkungen zu diesem Zitat ...**
1	Psalm 36,10a	einer Quelle		
2				
3				
4				
5				
6				
7				
8				

2 Versuche aus deinen persönlichen Gottesbildern (→ Arbeitsheft S. 30–31 Aufgabe **1**) Bildworte von Gott abzuleiten. Wie könnten diese lauten?

____

____

3 Formuliere eigene, aktuelle Bildworte von Gott.

____

____

7. Neues Testament – Der Vater Jesu Christi

„Gott ist die Liebe" *(1 Joh 4,16)*

Dieser Vers aus dem Neuen Testament, der in kurzen Worten das ganze **Gottesverständnis Jesu** zusammenfasst, erfreut sich großer Beliebtheit, nicht nur bei Geburts- und Todesanzeigen oder als Trauspruch bei Hochzeiten.
Der prominente Vers steht im 1. Johannesbrief (1 Joh 4,16), im ersten von drei neutestamentlichen Briefen, die dem **Evangelisten Johannes** zugeschrieben werden (um 100 n. Chr.).

7 Liebe Schwestern und Brüder, wir wollen einander lieben; denn die Liebe ist aus Gott und jeder,
der liebt, stammt von Gott und erkennt Gott. 8 Wer nicht liebt, hat Gott nicht erkannt; denn Gott
ist die Liebe. 9 Die Liebe Gottes wurde unter uns dadurch offenbart, dass Gott seinen einzigen
Sohn in die Welt gesandt hat, damit wir durch ihn leben. 10 Nicht darin besteht die Liebe, dass wir
Gott geliebt haben, sondern dass er uns geliebt und seinen Sohn als Sühne für unsere Sünden
gesandt hat. 11 Wenn Gott uns so geliebt hat, müssen auch wir einander lieben. 12 Niemand hat
Gott je geschaut; wenn wir einander lieben, bleibt Gott in uns und seine Liebe ist in uns vollen-
det. 13 Daran erkennen wir, dass wir in ihm bleiben und er in uns bleibt: Er hat uns von seinem
Geist gegeben. 14 Wir haben gesehen und bezeugen, dass der Vater den Sohn gesandt hat als den
Retter der Welt. 15 Wer bekennt, dass Jesus der Sohn Gottes ist, in dem bleibt Gott und er bleibt in
Gott. 16 Wir haben die Liebe, die Gott zu uns hat, erkannt und gläubig angenommen. Gott ist die
Liebe, und wer in der Liebe bleibt, bleibt in Gott und Gott bleibt in ihm. 17 Darin ist unter uns die
Liebe vollendet, dass wir am Tag des Gerichts Zuversicht haben. 18 Furcht gibt es in der Liebe
nicht, sondern die vollkommene Liebe vertreibt die Furcht. Denn die Furcht rechnet mit Strafe
und wer sich fürchtet, dessen Liebe ist nicht vollendet. 19 Wir wollen lieben, weil er uns zuerst
geliebt hat. 20 Wenn jemand sagt: Ich liebe Gott!, aber seinen Mitmenschen
hasst, ist er ein Lügner. Denn wer seinen Mitmenschen nicht liebt, den
er sieht, kann Gott nicht lieben, den er nicht sieht. 21 Und dieses Gebot
haben wir von ihm: Wer Gott liebt, soll auch seinen Mitmenschen lieben.
aus dem 1. Johannesbrief 4,7–21

Hinweis: Diese Passage in der Bibel ist voll von „Liebe". Zähle einmal, wie oft das Wort Liebe / liebe / lieben / geliebt / … vorkommt!

1 Unterstreiche die **Hauptaussagen** des Bibeltextes.

2 Welche Aussage des Bibeltextes hältst du für **die wichtigste**? Begründe deine Entscheidung.

3 Der Text enthält viele **Folgerungen**. Suche zusammen mit deiner Nachbarin/deinem Nachbarn solche Folgerungen und erstellt entsprechende Grafiken in eurem Heft. Ein Beispiel ist bereits vorgegeben.

Wer nicht liebt, hat Gott nicht erkannt.
DENN
Gott ist die Liebe.

4 Welcher Vers ist dein **persönlicher Lieblingsvers**? Gestalte eine Postkarte hierzu in deinem Heft.

Hinweis: Das Standardformat für eine Postkarte ist DIN A6, also 105 mm x 148 mm.

3. Martin Luther – Die reformatorische Entdeckung (I)

1 Als Martin Luther **1512** in Wittenberg Doktor der Theologie und Professor für die Auslegung der Bibel wurde, hatte er schon viel erlebt. Finde die Lebensstationen zwischen Luthers Geburt in Eisleben und seinem Ankommen in Wittenberg und zeichne den richtigen Weg im **Irrgarten** ein.

2 Neben dem richtigen sind auch andere sinnvolle Wege durch den Irrgarten denkbar.
(a) Notiere die Stationen eines solchen Weges und beschreibe, was damit in Luthers Leben anders als wirklich geschehen (→ **1**) gelaufen wäre.

- 1483: Geburt in Eisleben
- ______
- ______
- ______
- ______
- ______
- ______
- 1512: Doktor der Theologie und Professor für die Auslegung der Bibel in Wittenberg.
- ______
- ______
- ______

(b) Bedenke auch die Konsequenzen. Hätte Luther bei diesem Lebensweg aller Voraussicht nach die reformatorische Entdeckung gemacht?

______

______

______

______

______

______

______

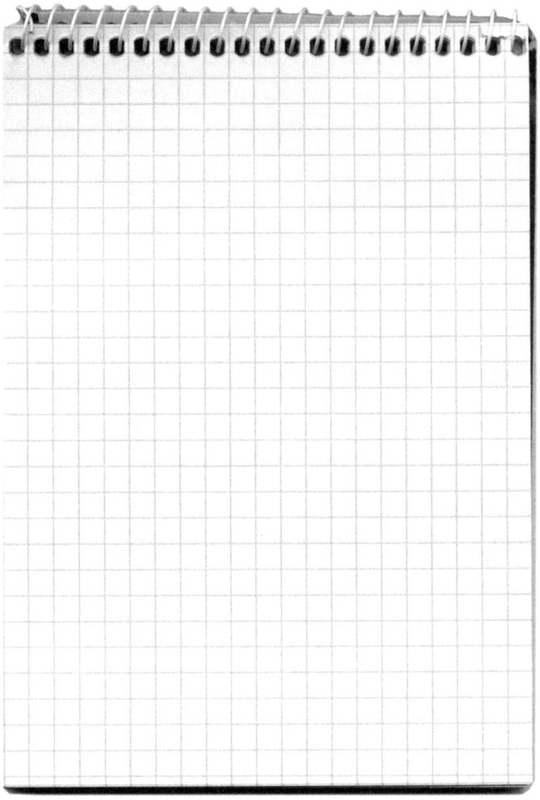

3 Als Dr. Martin Luther 1512 als Professor für die Auslegung der Bibel in Wittenberg tätig war, stand die Geburtsstunde der Reformation – das sogenannte „Turmerlebnis" (→ WdG 213) – kurz bevor. Welche Auffassung lehrte Luther **vor** und welche **nach** seinem Turmerlebnis an der Universität?

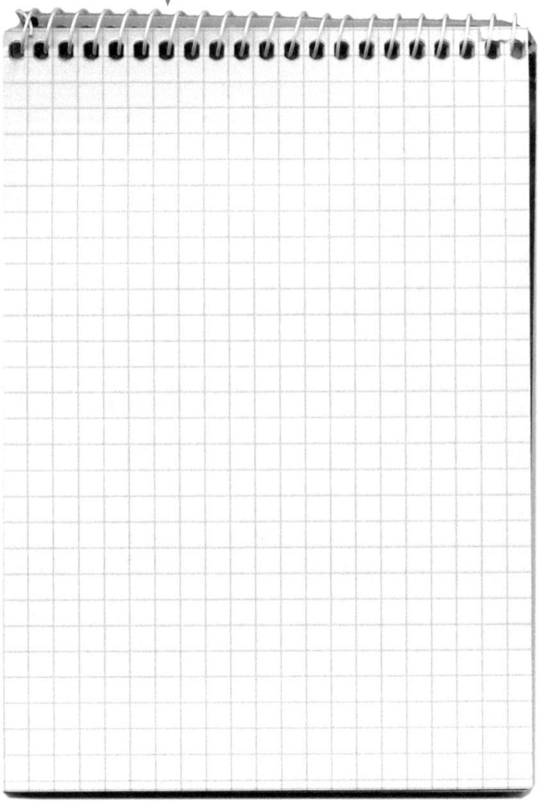

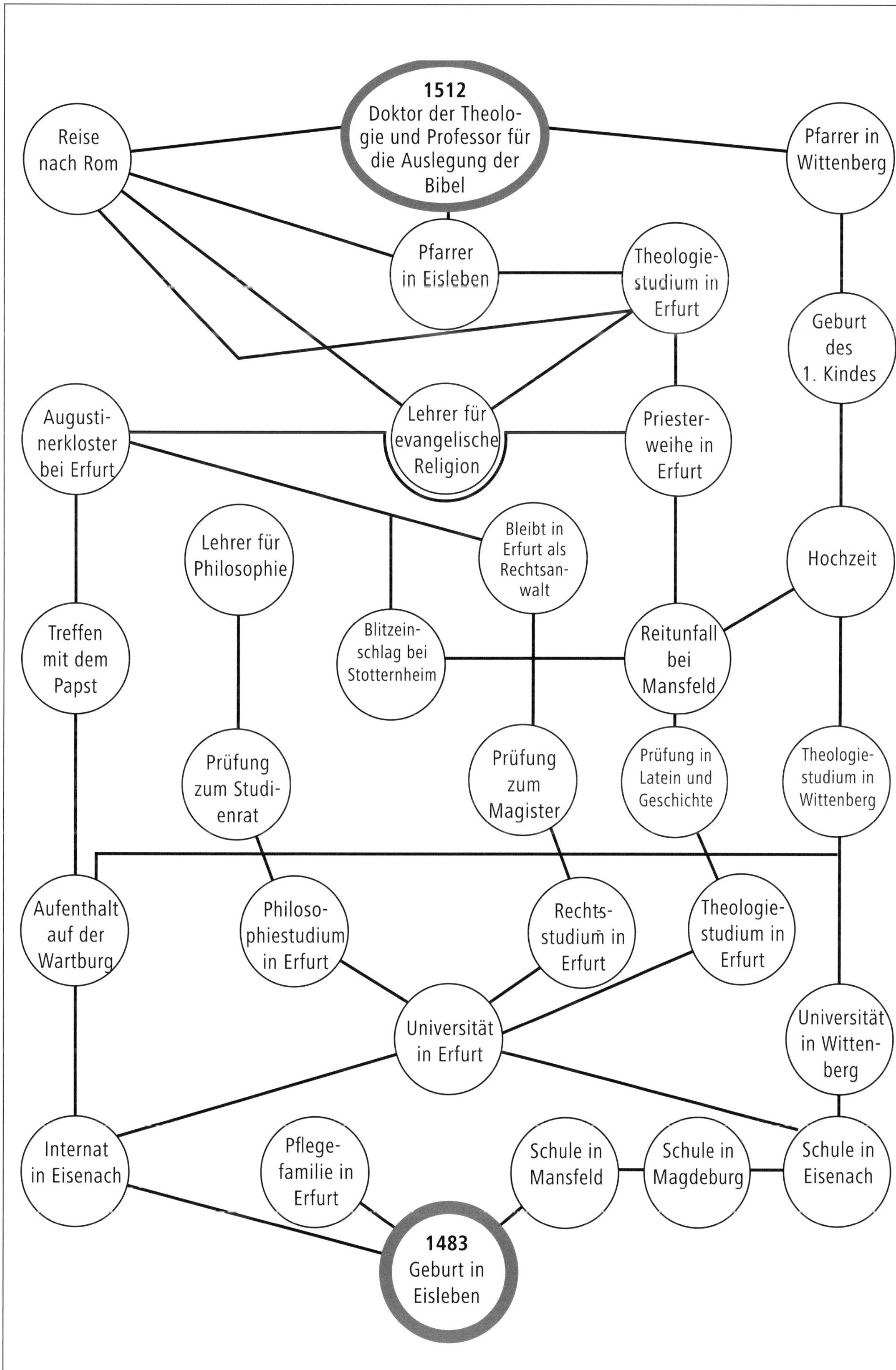
1512
Doktor der Theologie und Professor für die Auslegung der Bibel
Reise nach Rom
Pfarrer in Wittenberg
Pfarrer in Eisleben
Theologiestudium in Erfurt
Geburt des 1. Kindes
Augustinerkloster bei Erfurt
Lehrer für evangelische Religion
Priesterweihe in Erfurt
Lehrer für Philosophie
Bleibt in Erfurt als Rechtsanwalt
Hochzeit
Treffen mit dem Papst
Blitzeinschlag bei Stotternheim
Reitunfall bei Mansfeld
Prüfung zum Studienrat
Prüfung zum Magister
Prüfung in Latein und Geschichte
Theologiestudium in Wittenberg
Aufenthalt auf der Wartburg
Philosophiestudium in Erfurt
Rechtsstudium in Erfurt
Theologiestudium in Erfurt
Universität in Erfurt
Universität in Wittenberg
Internat in Eisenach
Pflegefamilie in Erfurt
Schule in Mansfeld
Schule in Magdeburg
Schule in Eisenach
1483
Geburt in Eisleben

3. Martin Luther – Die reformatorische Entdeckung (II)

Die **Kirche und Theologie** (griech. = Lehre von Gott) beschäftigte sich zur Zeit Martin Luthers **wenig mit der Bibel**. Vielmehr standen Zusammenfassungen des Glaubens im Vordergrund, die von Gelehrten verfasst worden waren und über die man diskutierte.
Die damals weit verbreitete Meinung, was der Mensch dazu beitragen kann, um vor Gott als gerecht dazustehen und so das ewige Leben zu erlangen, war grob gesprochen die folgende:

Höllenqualen
Gerechter
erwirken
halten
10 Gebote
Ewige Leben

„Der Mensch muss die Gebote Gottes ________, allen voran die ________, wie sie in der Bibel stehen. So kann er ________, vor Gott als ________ zu stehen. Gott wird dann den Gerechten das ________ schenken und die Sünder, also die Ungerechten, mit ________ bestrafen."

Martin Luther studierte fleißig die Bibel und fand bei dem **Apostel Paulus** in dessen Römerbrief einen bemerkenswerten Satz. Paulus sagt dort von sich: **Denn für mich steht fest: Allein aufgrund des Glaubens nimmt Gott Menschen an und lässt sie vor seinem Urteil als gerecht bestehen. Er fragt dabei nicht nach Leistungen, wie das Gesetz sie fordert** (aus Römer 3,28). Damit war für Luther klar:

Leistungen
barmherzige
nichts
Sünder
selber
Gerechtigkeit
Einhalten
dazustehen
barmherzige
Glaubens

„Der ________ Gott spricht den Menschen gerecht. Der Mensch ________ kann letztendlich ________ dazu beitragen, um vor Gott nicht als Sünder ________. Obwohl der Mensch ein ________ ist, schenkt Gott ihm die ________ und damit das ewige Leben. Gott tut dies einzig und allein aufgrund des ________ des Menschen und nicht aufgrund erbrachter ________, wie etwa das ________ von Gesetzen."

1 Vervollständige die zwei Standpunkte, indem du die 15 fehlenden Begriffe richtig einträgst. Finde anschließend zwei geeignete Überschriften, die die Positionen thesenartig auf den Punkt bringen und trage diese in die entsprechenden Rahmen ein.

2 Lies die Entdeckung Luthers (Röm 3,28) im biblischen Zusammenhang (Röm 3,22-28) und vollziehe den Gedankengang des Apostel Paulus schrittweise nach. Notiere dazu Stichworte.

3 Denke über die zwei Standpunkte (siehe links) nach.
(a) Welcher Position stimmst du – vielleicht auch nur in Teilen – zu, welche lehnst du eher ab. Begründe deine Meinung.

(b) Vollende den folgenden Satz.
Wenn Gott nicht auf die Leistungen eines Menschen schaut, sondern allein auf den Glauben eines Menschen, dann heißt das **für mich**

Der Apostel Paulus schreibt im Römerbrief:

22 Der Weg zum ewigen Leben besteht im Glauben, das heißt im Vertrauen auf das,
was Gott durch Jesus Christus getan hat. Alle erfahren Gottes rettende Treue, die in
diesem Glauben stehen. Es macht keinen Unterschied, zu welchem Volk man gehört.
23 Alle sind schuldig geworden und haben den Anteil an Gottes Herrlichkeit verloren.
24 Ganz unverdient, aus reiner Gnade, lässt Gott sie vor seinem Urteil als gerecht
bestehen, aufgrund der Erlösung, die durch Jesus Christus geschehen ist. 25 Gott hat
Jesus Christus vor aller Welt als Sühnezeichen aufgerichtet. Durch sein Blut, das am
Kreuz vergossen wurde, ist die Schuld getilgt. Das wird wirksam für alle, die es im
Glauben annehmen. So erweist sich Gott als treu und gerecht und vergibt den Men-
schen in seiner großen Gnade die Verfehlungen, die sie bisher begangen haben. 26 Ja,
in unserer gegenwärtigen Zeit erweist Gott seine Gerechtigkeit, nämlich seine Treue
zu sich selbst und zu den Menschen: Er verschafft seinem Rechtsanspruch Geltung
und schafft selber die von den Menschen schuldig gebliebene Gerechtigkeit, und das
für alle, die einzig und allein auf das vertrauen, was er durch Jesus getan hat. 27 Gibt
es da noch irgendeinen Grund, sich mit etwas zu rühmen? Nein, alles Rühmen ist
ausgeschlossen! Durch welches Gesetz? Etwa durch das Gesetz der Werke, das vom
Menschen Leistungen fordert? 28 Nein, sondern durch das Gesetz des Glaubens, das
den Menschen zum Vertrauen einlädt! Denn für mich steht fest: Allein aufgrund des
Glaubens nimmt Gott Menschen an und lässt sie vor seinem Urteil als gerecht beste-
hen. Er fragt dabei nicht nach Leistungen, wie das Gesetz sie fordert.

aus dem Brief des Paulus an die Römer 3,22–28

4. Der öffentliche Protest (I)

Im Jahr 1517 verfasste Martin Luther seine bekannten „**95 Thesen**“ in lateinischer Sprache. Mit der darin enthaltenen Kritik an kirchlichen Missständen, vor allem dem Ablasshandel (→ WdG S. 214), beabsichtigte Luther, eine Diskussion mit anderen Gelehrten anzustoßen. Vor allem aber verband er mit seinen Thesen die Hoffnung, dass die offensichtlichen Missstände in der katholischen Kirche abgestellt würden. Daher schickte er die Thesen an den Erzbischof von Magdeburg – leider ohne Erfolg.

Die Thesen wurden ohne das Wissen Luthers schnell von Befürwortern **ins Deutsche übersetzt**, **öffentlich ausgehängt** und dank der neu erfundenen Buchdruckerkunst **rasch verbreitet**. Viele Menschen lasen sie daraufhin und stimmten ihnen zu, weil sie verständlich formuliert waren und offen das aussprachen, was auch sie fühlten. Der Inhalt der 95 Thesen löste jedoch auch Ablehnung aus. Es kam zu heftigen Auseinandersetzungen.

1 Luthers berühmte Thesen sind unvollständig. Setze die richtigen Wörter in die Felder (siehe rechte Seite) ein. Als Lösungsspruch ergibt sich ein wichtiger Bestandteil seiner Lehre.

Lösungswort: _ _ _ _ _   _ _ _ _ _ _ _ _

B: Buße ❑ D: irgendetwas ❑	These 1	G: Liebe ❑ E: Gebete ❑
A: verzeihen ❑ O: vergessen ❑	These 6	I: erlassen ❑ R: vergeben ❑
A: Männer ❑ E: Frauen ❑	These 21	B: Ablassprediger ❑ N: Christen ❑
D: Glück und Seligkeit ❑ L: Gewinn und Verderben ❑	These 36	F: Last und Lust ❑ E: Strafen und Schuld ❑
L: Armen ❑ P: Dummen ❑	These 43	M: Schlauen ❑ R: Reichen ❑
O: Ärger ❑ B: Beifall ❑	These 45	T: Todesboten ❑ A: Zorn ❑
U: spenden ❑ E: verkaufen ❑	These 46	L: behalten ❑ W: verschenken ❑
C: Glückssache ❑ V: Verhandlungssache ❑	These 47	L: frei ❑ Z: Zwang ❑
F: das fromme Gebet des Mönches ❑ H: die Offenbarung des Bischofs ❑	These 62	I: das Geheimnis des Papstes ❑ E: das allerheiligste Evangelium ❑
R: Papst ❑ N: Cousin ❑	These 94	E: Ablassprediger ❑ I: Haupt Christus ❑
S: Haltung ❑ N: Sicherheit ❑	These 95	E: Selbstquälung ❑ G: Ertüchtigung ❑

2 Lies nun sorgfältig die vervollständigten 11 der 95 Thesen Martin Luthers. Wähle drei aus und formuliere mit eigenen Worten, wogegen sie sich jeweils richten bzw. wofür sie sich stark machen.

These ___ : ______________________________

____

These ___ : ______________________________

____

These ___ : ______________________________

____

These 1:
Indem unser Herr und Meister Jesus Christus spricht „Tut ______“, wollte er, dass das ganze Leben eine Buße sei.

These 6:
Der Papst kann eine Schuld nur dadurch ______, dass er sie als von Gott erlassen erklärt und bezeugt.

These 21:
Deshalb irren diejenigen ______, die sagen, dass durch die Ablässe des Papstes der Mensch von jeder Strafe befreit und selig wird.

These 36:
Jeder Christ, der wirklich bereut, hat vollständige Vergebung von ______, auch ohne Ablassbrief.

These 43:
Man soll die Christen lehren: Wer dem ______ gibt oder dem Bedürftigen leiht, handelt besser, als wenn er Ablässe kauft.

These 45:
Man soll die Christen lehren: Wer einen Bedürftigen sieht, ihn übergeht und stattdessen für den Ablass gibt, kauft nicht den Ablass des Papstes, sondern handelt sich den ______ Gottes ein.

These 46:
Man soll die Christen lehren: Die, die nicht im Überfluss leben, sollen das Lebensnotwendige für ihr Hauswesen ______ und keinesfalls für den Ablass verschwenden.

These 47:
Man soll die Christen lehren: Der Kauf von Ablässen ist ______ und nicht geboten.

These 62:
Der wahre Schatz der Kirche ist ______ ______ von der Herrlichkeit und Gnade Gottes.

These 94:
Man soll die Christen ermutigen, dass sie ihrem ______ durch Strafen, Tod und Hölle nachzufolgen trachten.

These 95:
und dass sie lieber darauf trauen, durch viele Trübsale ins Himmelreich einzugehen, als sich in falscher geistlicher ______ zu beruhigen.

3 Glaubst du, dass Martin Luther auch an der **heutigen Kirche** etwas zu kritisieren hätte? Formuliere eine **These aus deiner Sicht**: In welchen Punkten müssten sich deiner Meinung nach die Kirchen reformieren? Gib auch an, ob deine Kritik für die katholische, evangelische oder für beide Kirchen gültig ist. Schreibe auf den leeren „Thesenzettel“.

4. Der öffentliche Protest (II)

Geschichte: Die Lutherbibel (→ WdG S. 214 L und WdG S. 215 unteres Bild) ist die klassische deutsche Bibelübersetzung und nach wie vor auch diejenige, die hierzulande am weitesten verbreitet ist. Ihre Geschichte reicht zurück bis in die Anfänge der Reformation. Martin Luther nutzte seinen unfreiwilligen Aufenthalt auf der Wartburg im Winter 1521/22, um das Neue Testament in der Rekordzeit von nur 10 Wochen aus dem Griechischen ins Deutsche zu übersetzen. Zwölf Jahre später, 1534 konnte dann die gesamte Bibel in seiner Übersetzung erscheinen.

„Dem Volk aufs Maul sehen“

Berühmt ist ein Grundsatz, den Luther bei seiner Bibelübersetzung angewendet und der zu dem durchschlagenden Erfolg seiner Bibelübersetzung beigetragen hat:

„Man muss nicht die Buchstaben der lateinischen Sprache fragen, wie man soll deutsch reden, sondern man muss die Mutter im Hause, die Kinder auf der Gasse, den gemeinen Mann auf dem Markt drum fragen und denselbigen aufs Maul sehen, wie sie reden, und danach dolmetschen, so verstehn sie es denn und merken, dass man deutsch mit ihnen redet.“ *Sendbrief vom Dolmetschen*

Grundsätze: Ebenso wichtig sind für Luther die Prinzipien seiner Übersetzung. Als Fundament für sein Verständnis der Bibel gilt ihm das Heil Gottes, das die Welt in und durch Jesus Christus erfahren hat. Um diese Botschaft klar zu machen und zu betonen, verwendet Luther bestimmte deutsche Wörter, die ihm dafür geeignet erscheinen, möglichst oft. Er benutzt die Wörter auch dann, wenn es der hebräische oder griechische Wortlaut nicht verlangt: *Glaube, Gnade, Trost* (durch das Evangelium), *predigen* (das Evangelium verkündigen). Auf diese Weise lässt Luther seine Botschaft durch die ganze Heilige Schrift hindurch deutlich werden: Der barmherzige Gott *schenkt* dem Menschen Gerechtigkeit, obwohl er Sünder ist.

Bedeutung: Luthers Bibelübersetzung hat nicht nur die evangelische Kirche, sondern auch die ganze deutsche Literatur und Sprache seit der Reformationszeit beeinflusst. Bei der Entstehung einer einheitlichen deutschen Schriftsprache war sie von entscheidender Bedeutung.
So finden sich bis heute zahlreiche Spuren im Sprachgebrauch der Deutschen, die auf die Lutherbibel zurückgehen. Redewendungen wie *Hochmut kommt vor dem Fall* (Spr 16,18) oder *Wer andern eine Grube gräbt, fällt selbst hinein* (Koh 10,8) stammen ebenso aus der Lutherbibel wie *Wes das Herz voll ist, des geht der Mund über* (Mt 12,34). Die deutsche Dichtung ist voll von Zitaten und Anspielungen aus der Lutherbibel. Johann Wolfgang von Goethe (1749–1832; deutscher Dichter) hat seine Sprache an der Bibel Martin Luthers geschult, und in der jüngeren Vergangenheit beantwortete Bertolt Brecht (1898–1956; deutscher Schriftsteller) die Frage nach seiner Lieblingslektüre schlicht mit den Worten: „Sie werden lachen: die Bibel.“

Angaben nach www.dbg.de

Martin Luther über die Bibel: „Das kann doch ja kein anderes Buch, Lehre oder Wort: trösten in Nöten, Elend, Tod, Sterben außer allein dieses Buch, das uns Gottes Wort lehrt und darin Gott selbst mit uns redet wie ein Mensch mit seinem Freund."

Überarbeitungen:
Die Lutherbibel war in den evangelischen Gebieten Deutschlands bis zum Ende des 19. Jahrhunderts das Haus- und Volksbuch schlechthin. Dann führte aber die Entwicklung der deutschen Sprache dazu, dass der „Originalton" Luthers für immer mehr Menschen zunehmend schwerer verständlich wurde. Die Evangelische Kirche in Deutschland hat im 20. Jahrhundert in mehreren Anläufen versucht, Luthers Übersetzung schonend dem gewandelten Sprachgebrauch anzupassen. 1984 ist dieser Prozess zu einem vorläufigen Abschluss gekommen. 1999 wurde der Text darüber hinaus der neuen Rechtschreibung angeglichen. In dieser Fassung stellt die Lutherbibel heute den offiziellen Bibeltext der evangelischen Kirchen dar.

... übrigens: Die Bibel als solche oder Teile daraus sind bis heute in über 2300 Sprachen übersetzt worden. Sie ist damit das am häufigsten übersetzte Buch aller Zeiten.

Nimm mit deiner Nachbarin / deinem Nachbarn **eine katholische Übersetzung („Einheitsübersetzung")** und die **Übersetzung von Martin Luther („Lutherbibel")** zur Hand. Was fällt euch auf, wenn ihr

(a) deren Inhaltsverzeichnisse vergleicht,

____

____

____

____

(b) folgende Verse aus dem Alten und Neuen Testament nebeneinander lest?

Gen (1. Mose) 1,1–8 ______________________________

Ps 46,7–12 ______________________________

Ps 90,4–10 ______________________________

Jer 12,9 ______________________________

Jer 13,23 ______________________________

Mt 4,23 ______________________________

Röm 10,17 ______________________________

3. Martin Luther – Die reformatorische Entdeckung
4. Der öffentliche Protest
5. Die Spaltung der westlichen Christenheit
6. Die katholische Reform

Entwirf dein persönliches **Lutherdomino**. Bei einem Domino steht auf einer Karte jeweils eine Antwort und eine Frage. Die Karten müssen so aneinandergelegt werden, dass die folgende Antwort die vorhergehende Frage richtig beantwortet.

Beispiel:
Die letzte Karte muss einerseits Antwort auf die vorletzte geben und andererseits die passende Frage auf die Antwort der ersten Karte beinhalten.

Antwort:	Frage:	Antwort:	Frage:
Bibel und Tradition	In welchem Jahr wurde Martin Luther geboren?	1483	Martin Luther brachte die Reformation auf den Weg. Was heißt „Reformation"?

Antwort:	Frage:	Antwort:	Frage:
„Alles zur größeren Ehre Gottes"	Das kath. Konzil zu Trient stellt Luthers „Die Bibel allein" ein anderes Prinzip entgegen ...	Bibel und Tradition	In welchem Jahr wurde Martin Luther geboren?

1 Studiere aufmerksam die Seiten 212–219 im Buch und notiere dir dabei mögliche Fragen für dein Domino. Bedenke, dass sowohl die Fragen als auch ihre Abfolge sinnvoll sein sollten.

2 Wähle nun Fragen aus und schreibe sie auf die Dominokarten („Frage: ..."). Zu der bereits vorgegebenen Antwort auf der letzten Karte musst du noch eine passende Frage auf der vorletzten Karte finden.

3 Überlege dir präzise Antworten auf deine Fragen und notiere sie jeweils auf der folgenden Karte („Antwort: ...").

4 Beantworte auch die bereits vorgegebene Frage der zweiten Karte.

Nun müsste dein Domino vollständig sein.

5 Schneide die 12 Karten aus, mische sie und lege dein Domino zur Kontrolle einmal selbst.

6 Tauscht nun eure Dominos paarweise in der Klasse aus und versucht sie richtig zu legen, ohne in das Buch zu schauen.

Antwort:	Frage:	Antwort:	Frage:
Bibel und Tradition	In welchem Jahr wurde Martin Luther geboren?	1483	Martin Luther brachte die Reformation auf den Weg. Was heißt „Reformation“?
		„Alles zur größeren Ehre Gottes“	Das kath. Konzil zu Trient stellt Luthers „Die Bibel allein“ ein anderes Prinzip entgegen …

6. Wie Juden leben

Der jüdische Kalender kennt **viele jährlich wiederkehrende Feiertage** (→ WdG S. 237). Zu diesen gehört das **Fest der Gesetzesfreude, „Simchat Tora“**. Ein **Bericht aus einer Synagoge in Berlin** zeigt, wie sinnlich und fröhlich die Juden an diesem Tag die Beschäftigung mit dem Wort Gottes, seinen Weisungen feiern.

1 Lies zum **besseren Verständnis** (nochmals) folgende Seiten im Religionsbuch: WdG Seite 230 L, 232 L, 236–237.

2 Sammle wichtige Stationen des im Bericht aus einer Synagoge in Berlin geschilderten Festgottesdienstes zu „Simchat Tora“.

Hinweis: Bearbeite die Aufgaben in deinem Heft!

3 Überlege mit deiner Nachbarin/deinem Nachbarn, wie ein christlicher Wortgottesdienst abläuft und vergleicht diesen mit einem jüdischen Synagogengottesdienst (→ WdG S. 236: „Die Synagoge“ und „Bericht aus einer Synagoge in Berlin“).

Bericht aus einer Synagoge in Berlin

Die Abende in Berlin sind schon ziemlich kühl. Es tut gut, in einen warmen Raum eintreten zu können. Wir betreten den großen Betsaal der Synagoge in der Pestalozzi-Straße. Was für ein Gedränge, was für ein Aufregung! Viele Kinder, Mädchen wie Jungen, laufen durch die Reihen der Bänke, spielen Fangen um das Lesepult, das erhöht vorne an der Stirnseite des Raumes steht. Die Augen der Kinder strahlen dabei erwartungsvoll. In ihnen spiegeln sich die vielen Lichter, die Lichter der Menorot, der beiden 7-armigen Leuchter, die rechts und links von dem Lesepult stehen. Überhaupt: noch heller als sonst erscheint der Raum. Liegt es nur an der weißen Decke, die heute das Lesepult schmückt und am weißen, goldbestickten Vorhang vor dem Tora-Schrein? Die Frauen, die oben auf der umlaufenden Empore sitzen, haben große Tüten in ihren Händen, gefüllt mit Süßigkeiten und Leckereien. Allmählich haben die meisten ihren Platz gefunden, zum Sitzen oder Stehen, und da ruft der Vorbeter: „Ruhe bitte, wir wollen anfangen.“ Der Gottesdienst beginnt und nimmt den gewohnten Verlauf. Wir hören das wichtigste Gebet des Judentums, das „Höre Israel“ und andere Texte und endlich nähert sich der Gottesdienst seinem Höhepunkt, dem Ereignis, auf das alle warten. Der Vorhang des Tora-Schreins, da, wo die einzelnen Rollen der 5 Bücher Mose aufbewahrt werden, wird beiseite gezogen, der Schrein geöffnet, und alle Schriftrollen werden entnommen. Da die Hebräische Bibel in der Synagoge traditionell nicht in Buchform gebunden ist, sondern jedes der biblischen Bücher auf mindestens einer Rolle geschrieben ist, sind es viele Schriftrollen, die da zum Vorschein kommen. Heute, am Tag der Torafreude, bleibt keine der Rollen im Schrank. Der Rabbiner und der Vorbeter geben sie weiter an einige zum Tragen bestimmte Männer, die vorne schon warten. Der Zug setzt sich in Bewegung, langsam schaukelnd, durch die Synagoge. Vorbei an den Bankreihen, den ganzen Raum entlang bis zum Ausgang; von dort wieder zurück bis zum Lesetisch. Schaukelnd, wiegend und tanzend bewegen sich die Männer, schwer und sanft liegen die Schriftrollen, in ihren Armen. Silberhell klingen die Schellenglöckchen auf den Kronen, mit denen jede Rolle bekrönt ist. Jeder der Gottesdienstbesucher versucht, mit dem Gebetbuch eine der Rollen zu berühren. Die Männer, die die Schriftrollen tragen, sind unendlich stolz und glücklich. Halten sie doch das Kostbarste im Arm, das Israel gegeben wurde. Während sie so vorbeiziehen, begleitet die Gemeinde sie mit Gesang und Klatschen – der eine oder die andere beginnt auch zu tanzen. Vor und hinter dem Zug her ziehen die Kinder; Süßigkeiten werden ihnen zugesteckt oder von der Empore herabgeworfen. „Wie süß ist deine Rede meinem Gaumen, süßer als Honig meinem Munde“, singt der Sänger des 119. Psalms. Und dem Propheten Ezechiel gibt Gott gar eine ganze Rolle zu essen, seinen Leib damit zu füllen. Und der Prophet stellt fest: „Da aß ich sie, und sie wurde in meinem Munde so süß wie Honig.“ Siebenmal wiederholt sich der Umzug mit den Schriftrollen, siebenmal sind es andere Träger. Manchmal werden die Rollen sogar noch während des Umzuges an andere Männer weitergegeben, damit möglichst vielen diese große Ehre zu Teil wird. Manchmal werden die Umzüge regelrecht versteigert. Ganz stattliche Summen kommen da zusammen für die Ehre, die Tora tragen zu dürfen. Das gesammelte Geld kommt wohltätigen Zwecken zugute, den Mitmenschen, die auf die Hilfe der anderen angewiesen sind. Denn das steht fest: zur Freude am göttlichen Wort gehört unlösbar das gute Tun hinzu. Das eine ist nicht ohne das andere zu haben. Der siebte Umzug ist beendet, alle Schriftrollen bis auf zwei werden wieder in den Schrein zurückgestellt. Nun liest ein Mann aus der einen Rolle die letzten Worte des 5. Buches Mose vor, das vom Tod und Begraben-Werden des Mose und von Israels Trauer darüber erzählt. Damit ist der Lesezyklus eines Jahres beendet, die Wochenabschnitte der Tora sind fertig gelesen. Der Lesezyklus wird aber sofort erneuert. Und deshalb beginnt sofort ein zweiter Mann aus der anderen Rolle zu lesen: „Im Anfang schuf Gott Himmel und Erde.“ Er beginnt wieder mit den ersten Worten des 1. Buches Mose, mit der Schöpfungsgeschichte bis zu Gottes Ruhen am 7. Tag.

Lösungen

● zu WdG Seite 92: 2. Von Gottes Geist gerufen (I)
Wahrsager, ansagt, Gott, Auftrag, Gerechtigkeit und Frieden, Gegenwart, Israels, Elend, Zukunft, Mächtigen, Unrecht, kleinen Leute, Ungerechtigkeit, Trostes, Hoffnung, Verhalten, Geboten Gottes, Gottes Gericht, Gottes Heil, Feinde, verfolgt, getötet, Tod, Schriften, prophetischen Bücher, Hauptteil, Juden, Gotteswort, Christen, Bibel

● zu WdG Seite 102–103: 8. Propheten kommen immer wieder (II)
„Die Propheten bringen Gott ins Spiel, die Beschreibung der Lage ist nur ein Teil der Kritik!"

● zu WdG Seite 130–131: 2. Ist Gott so?
zu WdG Seite 132–133: 3. Das erste Gebot
Zum Einstieg: „Das <u>ist</u> kein Apfel", weil es nur <u>ein Bild</u> von einem Apfel ist. Eine entsprechende Überschrift zu WdG Seite 130 könnte lauten: „Das ist kein Gott-Vater".

● zu WdG Seite 136–137: 5. Auf den Spuren der Engel
Paul Klee hat seinen „Angelus Dubiosus" fast ausschließlich in zwei vorherrschenden Farbtönen gemalt. Der Engelskörper ist in Rot-Tönen, die Maske in Blau-violett-Tönen gehalten. Vgl. hierzu: http://www.hamburger-kunsthalle.de/index.php/paul-klee-material.html Dort auch weitere Engeldarstellungen Klees.

● zu WdG Seite 212–213: 3. Martin Luther – Die reformatorische Entdeckung (I)

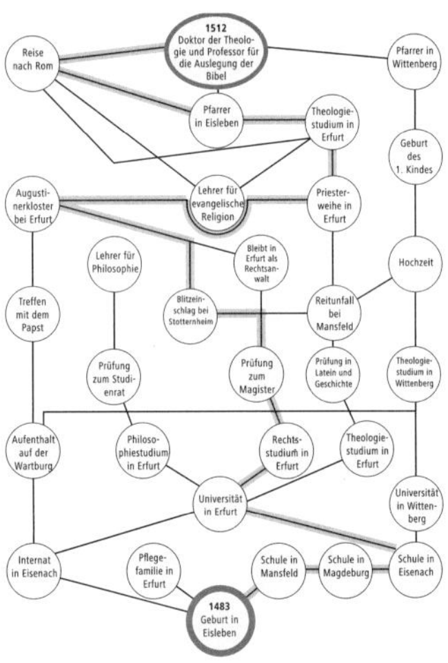

● zu WdG Seite 212–213: 3. Martin Luther – Die reformatorische Entdeckung (II)
„Der Mensch muss die Gebote Gottes halten, allen voran die 10 Gebote, wie sie in der Bibel stehen. So kann er erwirken, vor Gott als Gerechter zu stehen. Gott wird dann den Gerechten das Ewige Leben schenken und die Sünder, also die Ungerechten, mit Höllenqualen bestrafen."
„Der barmherzige Gott spricht den Menschen gerecht. Der Mensch selber kann letztendlich nichts dazu beitragen, um vor Gott nicht als Sünder dazustehen. Obwohl der Mensch ein Sünder ist, schenkt Gott ihm die Gerechtigkeit und damit das ewige Leben. Gott tut dies einzig und allein aufgrund des Glaubens des Menschen und nicht aufgrund erbrachter Leistungen, wie etwa das Einhalten von Gesetzen."

● zu WdG Seite 214–215: 4. Der öffentliche Protest (I)
Lösungswort: BIBEL ALLEIN

Religion – Sekundarstufe I
Band 2
Wege des Glaubens
Arbeitsheft 8

erarbeitet von Christoph Menn-Hilger

Redaktion: Berthold Frinken
Bildassistenz: Christina Sandig
Umschlaggestaltung: Gabriele Schenk, München
Layout und technische Umsetzung: Rainer Moers, Viersen

www.oldenbourg.de

1. Auflage, 1. Druck 2015

Alle Drucke dieser Auflage sind inhaltlich unverändert und können im Unterricht nebeneinander verwendet werden.

Druck: H. Heenemann, Berlin

ISBN 978-3-7627-0541-3

PEFC zertifiziert
Dieses Produkt stammt aus nachhaltig bewirtschafteten Wäldern und kontrollierten Quellen.
www.pefc.de
PEFC/04-31-1156